Texte des pages d'infos : Sylvie Michel
Illustrations des pages d'infos (Oscar et Lou) : Fred Multier
Illustrations des jeux : Jean-Gabriel Jauze

A CAPPELLA
POUR FLEURUS

www.editionsfleurus.com
ISBN : 978-2-2150-4753-7
N° d'édition : 08138

Quand je serai grand, je serai…

astronaute

Texte de Béatrice Égémar ★ Illustrations de Alexandre Bonnefoy

Un métier, une histoire

FLEURUS

Science
mag
NASA
FROOPIES

Enzo, la tête dans les étoiles

Comme tous les premiers lundis du mois, en rentrant de l'école, Enzo se précipite dans la cuisine. *Science mag*, son journal favori, est là et, ce mois-ci, c'est un « Spécial espace » :

« Génial, c'est un numéro sur les astronautes ! Maman, tu as vu ? Il y a un concours : “ Gagne un voyage en Floride, à Cap Canaveral ” !

– Fais voir ? dit sa maman. “ Le gagnant assistera au décollage de la navette Atlantis, avec à son bord l'astronaute français Renaud Martinière.” Je ne savais pas qu'un astronaute français allait partir dans l'espace !

– Mais si, je te l'avais dit, explique Enzo, patiemment. Il va travailler sur la station spatiale ! »

Maman sourit.

« Toi, je sens que tu vas faire ce concours ! »

Enzo compte les jours. Voilà bien longtemps qu'il a envoyé ses réponses au grand concours de *Science mag*. C'est fichu, c'est sûr, il a dû se tromper. Pourtant, trouver le nom du premier astronaute à avoir posé le pied sur la Lune, c'était une question facile !
Driiiing, le téléphone sonne. Enzo décroche :
« Tu es Enzo ? Je suis Amandine, de *Science mag*.

Enzo, je te félicite, tu as gagné le premier prix,

tu vas partir aux États-Unis pour voir décoller la navette Atlantis !

– C'est vrai ? » s'écrie Enzo, fou de joie. Quelle aventure ! Amandine lui explique qu'il va prendre l'avion avec elle pour la Floride, et passer cinq jours à Cap Canaveral. Il verra la navette, il rencontrera Renaud Martinière, il assistera au décollage !

Il n'y croit pas, ça ressemble à un rêve !

« Ça va, Enzo ? On va atterrir, dit Amandine en se penchant vers lui. C'est beau, n'est-ce pas ? »

Collé au hublot, Enzo regarde les nuages. C'est la première fois qu'il prend l'avion, et il est émerveillé. Est-ce qu'on voit les nuages quand on est dans une navette spatiale ? Pas sûr !

Après l'atterrissage, Enzo et Amandine s'installent dans un minibus et Amandine lance :

« Bienvenue en Floride ! Et maintenant, en route pour Cap Canaveral ! »

Enzo s'assied près d'une fenêtre, bien décidé à profiter du paysage.

Une heure plus tard, les voici devant le centre spatial. Enzo est très ému : c’est de là que sont parties presque toutes les fusées et les navettes qu’il connaît, et aussi le premier vol vers la Lune. C’est un endroit immense, avec un drapeau américain planté devant l’entrée. Le petit garçon repère tout de suite les fusées pointées vers le ciel :

« On pourra les voir ?

– Oui, tu vas même visiter une navette », sourit Amandine.

Enzo et Amandine s'approchent de la navette spatiale : c'est une copie, en fait, aussi grande que la vraie. En pénétrant à l'intérieur, Enzo aperçoit le cockpit et des tables de commande avec des dizaines de boutons, des mini-écrans d'ordinateur, une grosse manette, des micros...

C'est drôle, il croyait que c'était plus grand !

Amandine et lui vont ensuite regarder un film sur un voyage dans l'espace : Enzo voit des images d'astronautes en combinaison spatiale, en apesanteur. Il rit :
« Ils flottent dans l'air ! Je me demande comment ils font pour manger. »
En sortant de la salle de cinéma, Enzo demande à Amandine :
« Est-ce qu'on va voir Renaud Martinière maintenant ?
– D'abord, répond Amandine, nous allons visiter la tour d'assemblage des fusées. C'est le bâtiment où les navettes sont construites et réparées. Ensuite, nous irons au centre spatial : c'est là que tu vas enfin rencontrer des astronautes. »

NASA
Atlantis

Une demi-heure plus tard, devant le centre, Enzo reconnaît tout de suite Renaud Martinière. L'astronaute se dirige vers lui en souriant :

« Alors c'est toi, le petit champion ? Il paraît que tu connais tout de l'espace !

– Oh, je me débrouille », répond Enzo en rougissant. Renaud poursuit :

« Tu veux voir la vraie navette,
celle dans laquelle je vais partir demain ? »

Quelle question !

« Elle est là, regarde ! On la conduit jusqu'au pas de tir sur un engin spécial…

– Grand comme la moitié d'un terrain de football, je sais », s'écrie Enzo, tout excité.

La navette se dresse à quelques dizaines de mètres de là, impressionnante. Enzo l'observe, fasciné.

Renaud explique : « Grâce à elle, nous allons apporter du ravitaillement aux astronautes qui sont déjà dans la station : de la nourriture, de l'eau et de l'oxygène pour respirer. Tu sais, je vais rester là-haut cinq semaines pour travailler dans le laboratoire, puis je redescendrai sur Terre.

– Ça doit être fantastique ! » murmure Enzo.

Amandine et Renaud emmènent maintenant Enzo voir les salles de contrôle :

« Regarde bien, s'exclame l'astronaute, d'habitude cet endroit est interdit au public !

– J'ai de la chance, alors », rit le petit garçon.

Il y a tant d'ordinateurs et d'écrans autour d'Enzo qu'il se demande comment font les savants pour s'y retrouver au milieu de tout ça.

Renaud se penche vers Enzo et lui chuchote à l'oreille :

« Tu vois, tous les gens sont très concentrés parce que la navette décolle demain ! »

NASA

Enzo visite plusieurs salles avec Renaud. Il s'attarde devant un immense écran où brillent des milliers de petits points ; quand il s'en éloigne, Renaud n'est plus là ! Vite, Enzo entre dans une autre pièce : il n'y a personne sauf un homme à genoux, en train de couper un câble sous un ordinateur. Il fronce les sourcils en voyant le petit garçon et lui dit quelque chose en anglais. Enzo, très gêné, s'excuse et sort.

Renaud est dans la salle suivante, ouf !
« Je t'avais perdu », sourit Renaud. Mais quand ils rejoignent Amandine et les autres astronautes, tous ont l'air très inquiets :

un signal lumineux s'est allumé,

une machine est en panne !

« Qu'est-ce qui se passe ? » s'inquiète Enzo.

Renaud s'est éloigné et discute avec les autres astronautes.

Amandine hausse les épaules :

« Je ne sais pas, mais j'espère que ça ne va pas empêcher le décollage de la navette !

Ce serait une catastrophe pour la mission.

– Oh, non ! s'exclame Enzo.

– Viens, nous ferions mieux d'aller à l'hôtel maintenant, ils doivent tous essayer de régler cet incident et ne pourront plus s'occuper de nous.

– Est-ce que Renaud pourra dîner avec nous ce soir, comme prévu ? »

s'inquiète Enzo.

Amandine se mord la lèvre :

« Je l'espère. »

MOTEL
6710
NASA

« Alors, Enzo, demande Amandine, tu aimes ton hamburger ? »

Enzo ne répond pas. Bien sûr, c'est formidable d'être en Amérique, mais il s'inquiète pour le départ de la navette.

« Vous avez commencé sans moi ? » demande une voix moqueuse. Enzo se retourne : Renaud est là, c'est formidable ! L'astronaute prend place près de lui et explique :

« Nous sommes très soucieux,
l'ordinateur qui permet de voir ce qui se passe dans la navette
ne fonctionne plus.

– Vous allez pouvoir le réparer ? demande Enzo.

– Ce n'est pas facile de remettre en marche un ordinateur aussi compliqué, tu sais !

– Tout à l'heure, un monsieur réparait un ordinateur avec une pince, il coupait des fils !

Renaud le regarde, abasourdi :

– Il coupait des fils ? Comment ça ? »

Enzo raconte à l'astronaute ce qu'il a vu… Renaud se lève d'un bond :

« Enzo, je ne sais pas si je reviendrai pour le dessert, mais je crois que tu as sauvé la mission ! »

Le lendemain, Enzo est accueilli en héros à la base.

Tous se lèvent pour l'applaudir et Renaud lui explique : « C'est un astronaute qui a saboté l'ordinateur ! Il n'avait pas été sélectionné pour partir dans la navette et voulait se venger. Heureusement que tu as tout vu ! »

Enzo se rappelle l'homme accroupi qui l'a regardé de travers, l'air furieux. Quelle histoire géniale ! Ce sont ses copains qui vont être jaloux !

« Enzo, explique un savant avec un accent américain, ce soir, tu pourras t’asseoir à la place d’honneur pour voir décoller la fusée. Nous te devons bien ça !

– Le vol n’est pas annulé ? s’exclame Enzo. Vous allez tout réparer ?

– *No problem* », sourit le savant en lui faisant un clin d’œil.

Le soir, Enzo et Amandine sont assis sur les gradins qui permettent d'admirer les décollages. Le compte à rebours commence : four, three, two, one, zero !

La navette, dans une lumière éblouissante et un bruit assourdissant, s'élève du sol, monte de plus en plus vite dans le ciel, et enfin disparaît. Enzo pense à Renaud qui se trouve à l'intérieur, avec sa combinaison d'astronaute. Comme il aimerait être là-haut, avec lui !

Un jour, peut-être,

quand il sera grand…

Rencontre avec… un astronaute

Interview de Lou, photos d'Oscar.

Jean-Philippe, l'oncle de Lou, est astronaute. C'est l'occasion rêvée pour nos deux reporters d'en savoir plus sur son métier.

Pourquoi es-tu devenu astronaute ?

Le 21 juillet 1969, j'ai vu les premiers pas de l'homme sur la Lune. J'avais 12 ans. L'homme s'appelait Neil Armstrong. J'ai su tout de suite que je voulais faire ce métier !

Pourquoi vas-tu dans l'espace ?

Pour placer des satellites autour de la Terre, grâce auxquels on reçoit la télévision, on écoute la radio, on téléphone, on communique par Internet. Mais on étudie aussi les planètes qui nous entourent pour savoir si les êtres humains pourraient vivre dans l'espace.

Est-ce qu'on a le vertige dans une fusée ?

Non. Pendant le voyage, on est attaché dans le cockpit et on ne voit pas la Terre. Dans l'espace, il fait noir et il n'y a plus de haut ni de bas. On flotte. En revanche, on a parfois le « mal de l'espace ». C'est un peu comme le « mal de mer ».

< Neil Amstrong sur la Lune

D'où décollent les engins de l'espace ?

Sept pays dans le monde possèdent une base de lancement. Les plus importantes sont :

- Cap Canaveral, aux États-Unis. C'est de là que décollent les navettes spatiales Columbia et Atlantis.
- Baïkonour au Kazakhstan. La première base de lancement de l'Histoire.
- Kourou, en Guyane française, d'où décolle la fusée Ariane.

Combien de temps durent tes voyages ?

Lorsqu'on doit installer ou réparer un satellite dans l'espace, on part trois semaines. Mais nos missions durent parfois six mois ! Durant ces longs voyages, on vit à bord d'une station internationale. On y étudie l'apesanteur, on teste des médicaments, on fait pousser des plantes et on les observe.

Comment est notre planète vue de l'espace ?

À l'intérieur de la fusée, on voit peu l'extérieur. Mais quand on regarde par le hublot, le spectacle est extraordinaire. La Terre est toute bleue et, avec les nuages, les couleurs sont très belles !

Est-ce que les extraterrestres existent ?

Notre galaxie est composée de milliards d'étoiles. Et il y a des milliards de galaxies dans l'espace ! Il y a peut-être une autre planète comme la nôtre. Pourtant, je n'ai jamais croisé d'extraterrestres !

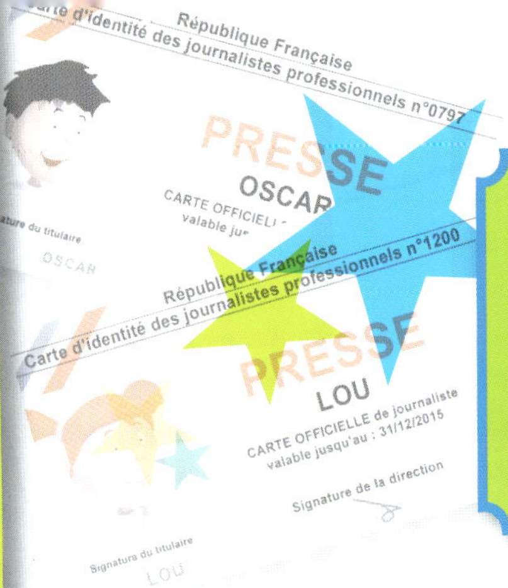

Une journée avec... un astronaute

Est-ce si facile d'aller dans les étoiles ? Pour le savoir, Oscar et Lou ont accompagné Jean-Philippe au musée de l'Espace.

Sur Terre

Pour recréer **l'apesanteur**, les astronautes s'entraînent à se déplacer dans l'eau de leur piscine comme dans l'espace, c'est-à-dire dans tous les sens ! Lorsqu'une fusée décolle, elle envoie toute sa puissance pour s'arracher à **l'attraction** de la Terre. Un homme qui pèse 70 kg a l'impression d'en peser 250 ! Pour s'habituer au décollage et à l'atterrissage, les astronautes montent dans la « centrifugeuse », une sorte de manège très rapide !

Dans la fusée...

Les astronautes flottent dans l'air. Pour faire travailler leurs muscles, ils font 2 à 6 heures de sport par jour !

Ils mangent avec une paille des aliments enfermés dans des boîtes. Sans couvercle, leur nourriture s'envolerait dans la fusée !

Et la nuit, ils dorment debout dans leur sac de couchage accrochés à la cloison. Eux aussi pourraient flotter dans leur sommeil s'ils n'étaient pas attachés !

Fusée ou navette spatiale ?

La navette permet de conduire les astronautes jusqu'à la station spatiale internationale, mais elle est assez petite et ne peut contenir beaucoup de matériel à la fois. La fusée est plus grande, plus puissante. Elle transporte les satellites. Malheureusement, elle ne peut faire qu'un seul voyage. Il faut, à chaque fois, en reconstruire une nouvelle.

Dans l'espace

Il peut y faire très chaud, jusqu'à 150 °C, ou très froid, jusqu'à -150 °C. Les rayons du Soleil sont dangereux et il n'y a pas d'air pour respirer. Pour se protéger, les astronautes portent un scaphandre équipé de bouteilles d'oxygène.

Le dico de Lou

Dans l'espace, on n'est plus attiré par **l'attraction terrestre** qui nous colle au sol, on devient beaucoup plus léger. On flotte dans l'air. C'est **l'apesanteur.**

Le sais-tu ?

Les astronautes ne sortent jamais seuls dans l'espace. Et lorsqu'ils ont terminé leur travail sur un satellite, ils aiment se laisser flotter un moment au-dessus de la Terre.

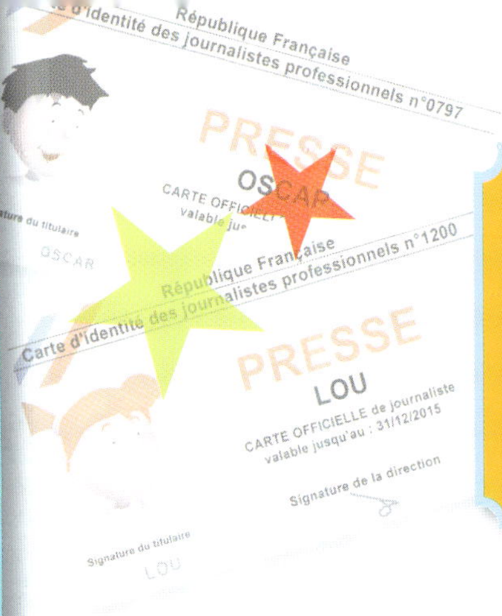

Le métier d'...

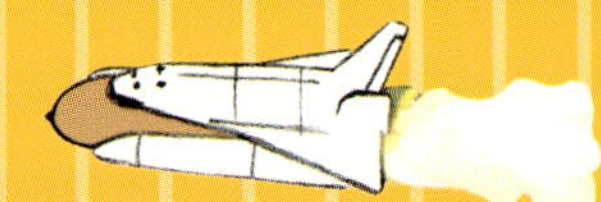

astronaute

Chacun a sa spécialité. Oscar et Lou ont découvert différents métiers de l'espace...

★ Le pilote

Pour diriger une fusée ou une navette dans l'espace, il faut savoir piloter et être très habile au décollage et à l'atterrissage, qui sont des moments dangereux. Une fausse manœuvre et la fusée peut exploser ! Heureusement, presque tous les astronautes ont d'abord été pilotes d'avions de chasse, des avions plus rapides que le son !

★ L'informaticien

Tous les appareils de la fusée sont commandés par des ordinateurs. Sans eux, la fusée ne peut pas fonctionner. Il faut à bord un spécialiste en informatique pour travailler sur ces ordinateurs et les remettre en état quand eux aussi tombent en panne !

★ Le médecin

Dans l'espace, comme sur Terre, les astronautes peuvent être malades. Le médecin est là pour les soigner mais aussi pour étudier comment leur corps réagit au traitement. Ses recherches aident à fabriquer de nouveaux médicaments pour les prochaines expéditions de l'homme dans l'espace.

En vacances dans les étoiles

Depuis quelques années, il existe une agence de voyages pour les étoiles. En dehors des astronautes, très peu de personnes sont à ce jour parties dans l'espace car ces expéditions coûtent très cher. Mais il est prévu de construire un hôtel en orbite autour de la Terre.

Le chercheur

Envoyer des hommes dans l'espace n'aurait jamais été possible sans les chercheurs. Ils ont inventé les fusées, réglé les problèmes du manque d'oxygène, montré aux astronautes comment vivre dans l'apesanteur et ils ont trouvé le moyen de se protéger des rayons du Soleil.

Mini-quiz : serais-tu un bon astronaute ?

1. Pourquoi ne voit-on pas les étoiles lorsqu'il fait jour ?

a) Parce qu'elles s'éteignent au lever du Soleil.

b) Parce qu'il fait trop clair sur Terre pour les voir.

c) Parce qu'elles se déplacent derrière la Lune.

2. Quel animal a été le premier être vivant à aller dans l'espace ?

a) Un chien.

b) Un singe.

c) Un lapin.

3. Comment les astronautes se parlent-ils dans l'espace ?

a) Ils crient.

b) Ils utilisent des feuilles de papier.

c) Ils utilisent un micro.

Réponses en page 32.

À toi de jouer !

Labyrinthe spatial !

Aide Tom l'astronaute dans sa fusée spatiale à rejoindre la Terre en ne passant que par les planètes jaunes.

Message codé

Mais que dit l'extraterrestre ? Déchiffre le message pour le savoir.

____

____

____

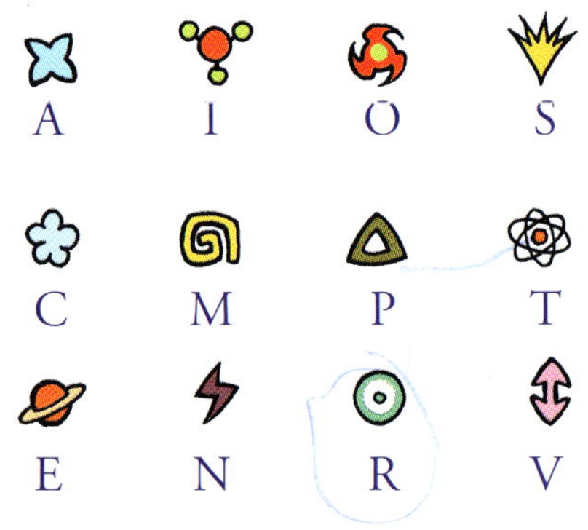

Cache-cache

Cet extraterrestre cherche ses 4 amis cachés dans le dessin. Où sont-ils ?

★ Drôle de planète !

Quels sont les 4 objets intrus glissés dans l'image ?

Relie les traces de pas dans la boue à l'extraterrestre correspondant.

Réponses en page 32.

★ En savoir plus sur les astronautes... ★

Si tu as la tête dans les étoiles et que tu rêves d'y mettre les pieds, voici quelques petits conseils pour toucher l'espace du doigt.
Livres, magazines, DVD... En librairie ou en bibliothèque, tu trouveras toutes les informations que tu recherches sur la Terre et les planètes qui nous entourent.

• Si tu as un ordinateur et un accès à Internet, visite, avec tes parents, le site : http://earth.google.com/intl/fr où tu pourras te promener au-dessus de la Terre et dans l'espace !

• Et si tu n'habites pas trop loin ou si tu y passes des vacances, il y a aussi :
- la Cité de l'espace, à Toulouse : (www.cite-espace.com)
- la Cité des sciences et de l'industrie, à Paris : (www.cite-sciences.fr/francais/indexFLASH.htm)

Solutions des jeux :

Page 29 :

★ **Mini-quiz :**

1. b
2. a
3. c (Ils ont un micro accroché à leur casque.)

Pages 30-31 :

★ **Labyrinthe spatial !**

★ **Message codé :**
« Miam, voici notre repas ! »

★ **Drôle de planète !**

Crédits photographiques :

p. 24 : © Time&Life Pictures / Getty Images
pp. 25, 27 : © Getty Images
pp. 26, 28 : © Nasa digital version copyright Science Facti
p. 29 : © World perspectives

Achevé d'imprimer en août 2008 par Deaprinting (Italie)
Dépôt légal : septembre 2008